让孩子着迷的第一堂自然课

蓝色海洋

LANSE HAIYANG

童心 编著

化学工业出版社

·北京·

图书在版编目（CIP）数据

让孩子着迷的第一堂自然课．蓝色海洋 / 童心编著．—北京：
化学工业出版社，2019.3（2025.4 重印）
ISBN 978-7-122-33718-4

Ⅰ．①让… Ⅱ．①童… Ⅲ．①科学知识－青少年读物
②海洋－青少年读物 Ⅳ．① Z228.2 ② P7-49

中国版本图书馆 CIP 数据核字（2019）第 023279 号

责任编辑：王思慧　谢　娣

责任校对：王　静　　　　　　　　　　　　　装帧设计：刘丽华

出版发行：化学工业出版社（北京市东城区青年湖南街 13 号　邮政编码 100011）
印　　装：天津裕同印刷有限公司
787mm×1092mm　1/12　印张3　字数42千字　2025年4月北京第1版第3次印刷

购书咨询：010-64518888　　　　　　　　售后服务：010-64518899
网　　址：http://www.cip.com.cn
凡购买本书，如有缺损质量问题，本社销售中心负责调换。

定　价：28.00元

目录

海洋从哪里来

海洋是海和洋的总称，一般人们将占地球很大面积的咸水水域称为"洋"，大陆边缘的水域被称为"海"。

海洋是怎么形成的呢

>>> 火山喷发出灼热的气体和水蒸气，这是地球上空最早的大气。

>>> 水蒸气凝结成雨水降落在地面，大雨灌满了那些广阔的凹地。

>>> 慢慢地，巨大的凹地被雨水淹没，就形成了今天的海洋。

🌱 海洋形成示意图

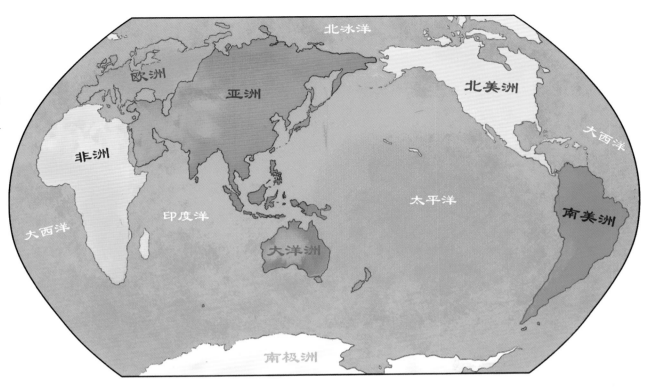

四大洋为太平洋、大西洋、印度洋和北冰洋

❶太平洋是世界上面积最大的海洋。❷大西洋是第二大洋。❸印度洋是第三大洋。❹北冰洋是第四大洋。因为它处于以北极为中心的地区，气候严寒，洋面上常年覆有冰层。所以，人们称之为"北冰洋"。

请在右图上标出四大洋的名称

美丽的蓝色星球

海洋总面积约为3.6亿平方公里，地球表面的71%都被蓝色的海水包围着，所以人们又叫地球"大水球""蓝色星球"。

大海是什么颜色

大海是蓝色的，可有时它也会变成绿色、褐色，而靠近海岸的水常常是清澈没有颜色的，这是为什么呢？其实，大海的颜色与太阳光、海藻有关系。

白色的太阳光里有多种颜色，从彩虹里就能看出来！

海洋像一面巨大无比的镜子，它把一小部分太阳光反射回天空，大部分太阳光射入海中。

水越深，阳光里的颜色就会一种一种地逐渐消失。

当海中有许多藻类植物时，海水就会呈现出绿色。

如果在25米深的海底受伤，那么流出的血看上去是深绿色的。

河流入海口处的海水中悬浮着大量泥沙，使海水变黄。

在4米深处，红色光消失。

在10米深处，黄色光消失。

在20米深处，紫色光消失，只剩下蓝色光。

大海的味道

海水当然是咸的了。

海水是盐的"故乡"，海水中含有各种盐类，其中大部分是食盐。

如果把海水中的盐全部提取出来平铺在陆地上，陆地的高度可以增加153米；假如把世界海洋的水都蒸发干了，海底就会积上60米厚的盐层。

海水里这么多的盐是从哪儿来的呢？科学家告诉我们：海水中的盐是由陆地上的江河通过流水带来的。当雨水降到地面，流入江河，最后都流进大海。水在流动过程中，经过各种土壤和岩层，使其分解产生各种盐类物质，这些物质随水被带进大海。海水经过不断蒸发，盐的浓度就越来越高，所以海水中含有这么多的盐也就不奇怪了。

在死海享受漂浮的乐趣

死海

死海是世界上最咸的咸水湖，水中只有细菌和绿藻，没有其他生物；岸边及周围地区也没有花草生长，所以被人们称为"死海"。但是人们却可以在死海中感受漂浮的乐趣，不会游泳的人在死海中也不会下沉。

① 蒸发池蓄海水

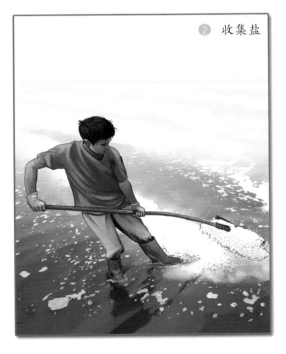

② 收集盐

③ 盐装车了

海水"晒盐"的过程

大海生气了

潮汐

在海边，我们每天都能看到大海涨潮和退潮，这就是潮汐。古时候,我们的祖先认为潮汐是地球的心跳。海水涨起来的时候，水如骏马一般奔腾而来，转眼间水满湾畔，巨雷般轰鸣。到了退潮，转瞬间，被海水覆盖的金黄色沙滩、奇形怪状的礁石，都露出来了，很是美丽。

其实，潮汐是由月球、地球和太阳的运动引起的。

当月球运行到地球和太阳中间，月球和太阳的引力方向一致，所以会引起巨大的潮汐。

当月球运行到地球的侧面，潮汐很弱。

当地球在月球和太阳之间时，月球和太阳的引力正好相反，所以几乎没有潮汐。

地球不停地自转也会引起潮汐哦！

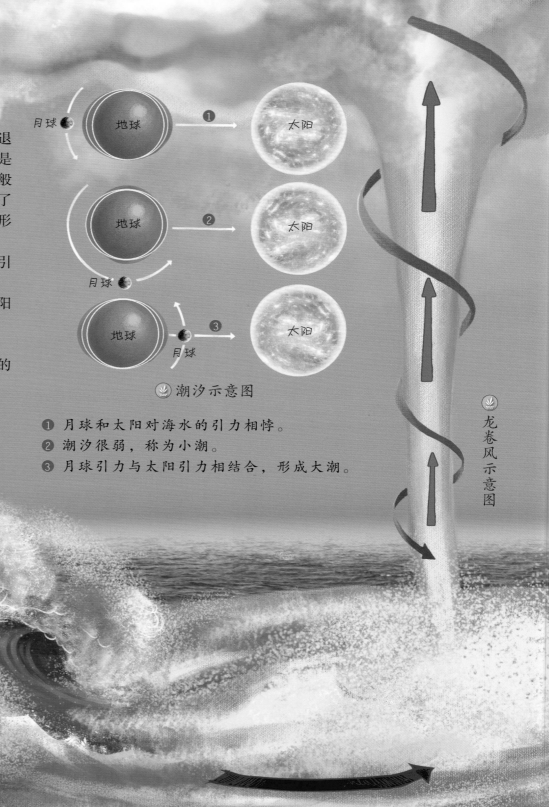

⊛ 潮汐示意图

❶ 月球和太阳对海水的引力相悖。

❷ 潮汐很弱，称为小潮。

❸ 月球引力与太阳引力相结合，形成大潮。

龙卷风示意图

龙卷风

发生在海面的龙卷风又叫海龙卷。龙卷风像一个巨大的漏斗，从云中伸向地面，渐渐变窄。龙卷风到来时，白天如同黑夜一样，快速旋转的气流从陆地穿过，时间只有十几分钟。虽然时间很短，但龙卷风却总能摧毁房屋，甚至可以把城镇变为废墟。

海浪

海浪是海上的大力士，它在风的帮助下，每隔几秒钟就会猛烈地拍打海岸。有时，海浪还会像一根滚动的柱子一样，涌向很远很远的地方。在海面上，有时会卷起20米高的巨浪！1942年，在苏格兰海面上，一个突如其来的巨浪险些将世界上当时最大的客轮——"玛丽女王"号客轮打翻。

台风

台风是海洋上的一种巨大的旋风。它只在海洋上形成、移动，并会给人类带来很大的灾难。台风到来前，天空变得阴沉沉的，很快刮起暴风，下起暴雨，海浪猛烈地击打着海岸，船被撞碎了，大树被吹断了，甚至被连根拔起，电缆被刮断了，车辆被卷走了，屋顶被吹翻了，许多人落入海中，飞在空中。1970年，台风袭击了孟加拉国，吞没了大约100万人的生命。

海洋上的空气不断上升，随着地球的自转，气流开始旋转，并慢慢形成旋涡。旋涡越来越大，转动的速度也越来越快，终于形成了一个很大的圈。有时，台风圈直径可以达到500千米，就像从海中升起的一条巨龙。

台风的中心叫台风眼，那里非常平静哦！

⚓ 台风

海啸

海啸是一种具有强大破坏力的海浪。它不是风引起的，而是由于海底地震和火山喷发引起的。当海底发生剧烈的震动时，海水会像沸腾的水一样翻滚起来，由于力量太强大，海面上很快就会激起几十千米长的海浪，它们像一堵墙，从远到近汹涌而来，所以，人们也把海啸叫作水墙。

海啸的破坏力很强，它能把海洋中的小船抛到几千米以外的陆地上。

大海中最早的居民

海百合

海百合的身体很像植物的茎，茎顶端长着许多条触手，也叫腕，它们像植物的叶子一样迷惑着敌人。

海绵

海绵是最原始最低等的水生多细胞动物，但它也有像单细胞生物的地方，比如单独的海绵细胞可以成活。

三叶虫

三叶虫是最早长有眼睛的动物！三叶虫吃泥沙和比它小的动物，遇到危险时，就会把身体卷起来。

齿谜虫

齿谜虫身体扁扁的，嘴周围长满了触角。

威瓦西亚虫

威瓦西亚虫像带刺的卵石，长2~5厘米，背上覆盖着坚硬的壳。

长形黎镰虫

长形黎镰虫是一种毛毛虫，身体两侧长着长长的刺，它们翻越海绵觅食。

菊石

菊石有蜗牛一样的外壳，它们用触角游泳，以前在地球上所有的海洋中都有它们的身影。

邓氏鱼

邓氏鱼有巨大的头部和令人印象深刻的颌，咬合力十分惊人。即使是现在称霸海洋的鲨鱼，邓氏鱼也能轻松地把它咬断为两截。

圆唇鱼

圆唇鱼是地球上最早出现的鱼类，它们身体柔软，嘴巴圆圆的，没有牙齿，所以也叫"无颌鱼"。

矛尾鱼

矛尾鱼是地球上现在的最古老的鱼，被称为"活化石"。

蠕虫

蠕虫是指通过身体肌肉收缩而做蠕形运动的动物。不过在生物学分类上，蠕虫这类动物的划分并不严格，甚至已经失去意义，因为其中很多成员都属于完全不同的物种。

水母

水母外形多样，有的像雨伞，有的像硬币，有的像帽子，十分漂亮。它们常常漂浮在海面上，身体里几乎都是水。

海底景色

海洋中隐藏着许多由山、平原、峡谷和深渊构成的令人惊异的海底地形。

❶ 大陆架

大约在1亿年前，随着气温上升，冰逐渐融化，海平面跟着上升。于是，大陆边缘被海水淹没，形成200米深的大陆架。南极洲的大陆架最深，可以达到400米。不过，有些地方没有大陆架，地面直接进入深邃的海底。

❷ 大陆斜坡

大陆斜坡有时会向深海延伸几千米，它一头连接着陆地边缘，一头连接着海洋。

❸ 深海平原

深海平原长达2000千米，面积是露出水面的陆地面积的2倍！深海平原位于3500米~6000米的深度。

❹ 海脊

海脊，又叫作海底山脉，是由于海底板块相互挤压而形成的海底皱褶。海脊在深海很常见，有的高可达4千米，长可达600千米。

❺ 地球伤痕——裂谷

由于地震，海洋板块离开海脊的两侧，避开海脊内部灼热的岩浆。在大西洋海脊之间产生裂谷，岩浆通过这一地壳裂缝不停地运动着，时而喷发时而休眠。

❻ 海沟

海沟是海底陡峭的深渊，深可以达到10千米，常常分布在陆地边缘。秘鲁海沟和智利海沟长达2000千米！

世界上最深的海沟是马里亚纳海沟。

🌸 海底地形示意图

欢迎来到太平洋

　　太平洋是世界最大和最深的海洋，从美洲西岸一直延伸到亚洲和澳洲的东岸。太平洋里不仅有世界上最深的海沟、断层、火山岛、珊瑚礁，还有丰富的动物、植物和矿产资源，人类正在不断地开发和利用太平洋。不过，由于地壳运动，太平洋在慢慢缩小，大西洋在不断变大。

北冰洋

亚洲

北美洲

太平洋

大西洋

南美洲

大洋洲

🌑 太平洋位置图

潜入海底去看看

① 断层

断层是两个板块互相挤压，使海脊不断增大而产生的裂缝。圣安得列斯断层沿美洲大陆一直延伸到加利福尼亚，并常常引发强烈的地震。

② 海沟

太平洋边缘的海沟是世界上最深的海沟，大多数都在7千米以上。

③ 海底火山

在海洋深处存在着海底火山。有些会露出水面形成小岛，在太平洋里就有很多。

④ 火山管

地下的岩浆不断从火山口涌出，遇冷后会下落，慢慢地，冷却的物质越积越多，而中间仍不断有岩浆冒出，堆积在火山口，形成一座小山丘，涌出岩浆的通道呈管状，所以称为火山管。火山管能持续活动70年，直到管口渐渐地被硫黄阻塞，阻止了岩浆的涌出为止。

⑤ 奇怪的烟

火山管就像一个大烟囱，不断地喷出黑色烟雾，这是为什么呢？原来，熔岩温度很高，水的温度很低，当熔岩涌出时，水会被加热成水蒸气，而熔岩里的硫黄和其他矿物质也会随着水蒸气一起喷出，这样就出现了黑色烟雾。有时，火山管也会喷出白色烟雾，这是因为里面的矿物质较少。

火山带

太平洋周围有很多火山，其中许多是活火山。它们每次喷发都会引起地震。

太平洋周围有很多火山，其中许多是活火山。

马里亚纳海沟

菲律宾东北部的马里亚纳海沟是世界上最深的海沟，深度可达11千米。如果把一颗卵石丢下去，大约需要1小时才能落到海沟底部。

夏威夷群岛

夏威夷群岛有130多个火山岛，它们像一条线，有几万米长，形成了一个大圈。

东太平洋海脊

东太平洋海脊横穿太平洋南北两端，是一条高2.5千米、宽4千米的海底山脉，它将太平洋分割成不同的两部分。

世界上最高的火山

冒纳凯阿火山是夏威夷群岛上的火山，现在是不会喷发的死火山，它露出水面4205米，相当壮观，如果加上隐藏在海底的那部分，高度可达10千米！

热点

海洋里有许多地方被称为"热点"，这是因为它的下面有温度非常高的熔岩。当熔岩上升时，板块就像铅笔捅破纸一样被戳穿。

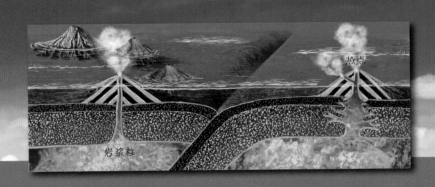

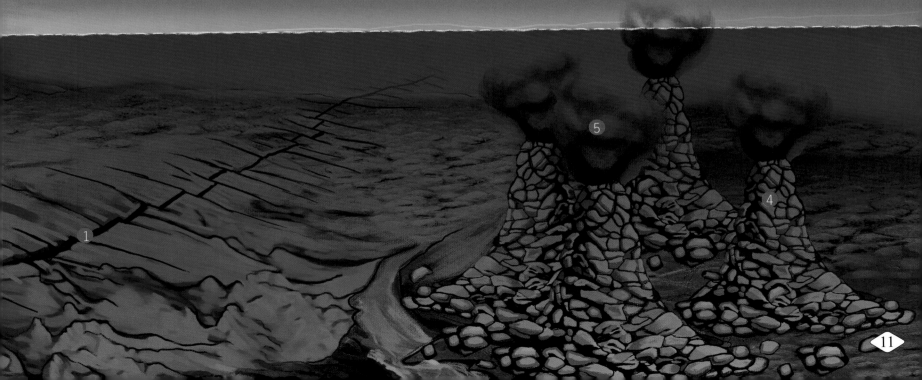

绚丽的珊瑚礁

珊瑚礁神奇而美丽，是太平洋中的一大奇观。你知道珊瑚礁是怎么形成的吗？

① 海洋中有一种虫子，叫珊瑚虫，它们一群一群地居住在一起。

② 珊瑚虫在生长过程中，不断吸收海水中的钙和二氧化碳。

③ 同时，它们分泌出一种白色物质——$CaCO_3$形成外壳，并相互粘在一起。

④ 慢慢地，石灰石经过大自然的压实、石化，就形成了岛屿和礁石。

⑤ 一个珊瑚群需要大约20年的时间才能建造一个足球大小的珊瑚礁。著名的大堡礁就是这么形成的，它每年只能长大几毫米。

⑥ 漂浮在海上的珊瑚为死珊瑚。

珊瑚有着千姿百态的外形和绚丽的色彩，有的像透明的桌布，有的像花束，有的呈花边状……它们生活在水质洁净、温度适宜的水域里。

澳大利亚的大堡礁是世界上最大的珊瑚礁。

珊瑚虫

渔民打捞珊瑚

世界第二大洋——大西洋

大西洋是世界第二大海洋，它呈巨大的"S"形，连接着地球最北面和最南面的两个大洋。大西洋并不深，也不是很长，但它却是世界上温度最高、鱼类最丰富的海洋，还汇集了世界上一些较大的河流，也是人类最早进行航海研究的海洋之一。

🌿 大西洋位置图

多么热闹美丽的大海啊

大西洋航海路线

⚓玛丽女王号大客轮

抹香鲸

抹香鲸的脑袋很大，身体又粗又短，很像一只巨大的蝌蚪。它们行动缓慢又笨拙，很容易被捕杀。不过，抹香鲸是所有鲸类中潜水最深、最久的，所以有"潜水冠军"的美名。

飞鱼

帆鱼

抹香鲸

抹香鲸和大王乌贼每次相遇，都会进行一场惊心动魄的搏斗。

世界上最长的海底山脉

大西洋海底藏着一条巨大的山脉——中大西洋海脊，它像一条长长的脊柱自北向南延伸了1万多千米，把大西洋分隔成东西两部分。

汇入河流

密西西比河、亚马孙河、刚果河（扎伊尔河）、尼日尔河、莱茵河、尼罗河等。

探索

北欧海盗和猎鲸的巴斯克渔民第一次穿越大西洋到达美洲。

在1492~1502年，西班牙著名航海家哥伦布4次横渡大西洋，发现了美洲大陆。

1519年，葡萄牙航海家麦哲伦进行环地球航行时，经过大西洋。

1849年，人类在大西洋海底铺设了一根电缆，第一次对大西洋海底进行探测。

1936年，全长335米的玛丽女王号大客轮(左图)载着乘客渡过北大西洋。这是当时世界上最快最豪华的客轮。

熔岩管道

在大西洋的加那利群岛上，几百万年前的一次火山喷发形成了一条长7千米的熔岩管道：阿特兰蒂达隧道。它由从火山上流入海洋的熔岩流产生，由许多洞穴组成，一直通往海底深处。

鲱鱼

喜欢成群结队地游动，远远看去一片白色，常常被渔民大量捕获。

海鲈鱼

鲱鱼

比目鱼

水母

金枪鱼

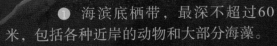

乌贼

海底鱼类

大西洋有5个水层构成的生物带。

① 海滨底栖带，最深不超过60米，包括各种近岸的动物和大部分海藻。

a.大陆架和岛屿附近陆架鱼类：鲱鱼、北鳕鱼、毛鳞鱼、长尾鳕鱼、比目鱼、金枪鱼、鲑鱼、马古鲽鱼、海鲈鱼等。

b.开阔水域鱼类：帆鱼、飞鱼。

c.西欧和北美沿岸：牡蛎、贻贝、章鱼、海扇、螯虾和蟹类。

② 光亮带，最深不超过180米，生活着许多浮游动物和植物。

③ 中深带，最深不超过900米，生活着抹香鲸和大王乌贼。

④ 深洋带，最深可以达到4000米，几乎一片黑暗，生活着会发光的动物。

⑤ 底栖带，深度在4000米以下，生活着最原始的动物。

神秘的马尾藻海

其实，马尾藻海并不是海，而是大西洋中的一小部分，可它实在太特别也太厉害了，甚至被称为"海洋坟墓"。

你知道吗，马尾藻海总是风平浪静，从来不会刮风。这是因为墨西哥暖流、北大西洋流、加那利洋流和北赤道洋流将它包围起来，成了一个封闭的区域。

马尾藻海是世界上最清澈的海，在晴朗的天气，就算把照相底片放在1000多米深的地方，底片也能感光。

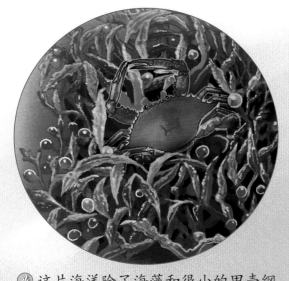

马尾藻鱼

马尾藻鱼脾气暴躁凶猛，很会"打扮"自己——凹凸不平的身上布满白色斑点，长着像马尾藻一样的"叶子"，简直和马尾藻像极了！马尾藻鱼的眼睛会变色，有趣的是，它们遇到"敌人"时会吞下大量海水，把身躯鼓得大大的，使"敌人"不敢轻易碰它。

海蛞蝓

海蛞蝓是一种很奇怪的小东西，它们身上有褶皱和花纹，很善于伪装和隐蔽。

海面上漂浮着厚厚的海藻，远远望去，就像一片大草原。

🌱 马尾藻鱼。

🌱 这片海洋除了海藻和很小的甲壳纲动物外，几乎没有其他生物，简直是一片孤单寂寞的海啊！

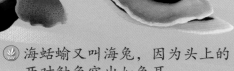
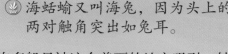

🌱 海蛞蝓又叫海兔，因为头上的两对触角突出如兔耳。

马尾藻海

马尾藻海表面平静，其实是一个可怕的陷阱。许多船只被这个美丽的地方吸引，结果一进去就被海藻死死缠住，被困在里面，最后因为没有救援，缺少淡水和食物，船员们被活活饿死，于是人们把这片海域称为"海洋的坟地"。

🌱 被海藻缠住的船只

世界第三大洋——印度洋

印度洋是世界上第三大洋，它的面积还不到太平洋的一半，位于非洲、亚洲和澳大利亚大陆之间。印度洋风景秀丽，海水清澈，不仅有丰富的鱼类和矿产资源，还有世界上重要的航海道路。

早在3000年前，古代埃及人、腓尼基人和印度人就已经在印度洋北部海域航行了。

飞鱼

飞鱼的胸鳍特别发达，像鸟类的翅膀一样。它们常常冲出水面，能够在空中滑翔几百米，凭着这个本领，它们成了海洋中的"明星"。

沙丁鱼

沙丁鱼是一种细长的银色小鱼，它们常成群地在海岸边游动，晚上浮上海面吃小浮游生物，渔民趁机捕捞。沙丁鱼肉十分鲜美。

旗鱼

海龟

金枪鱼

鲭鱼

沙丁鱼群

鲸

比目鱼

比目鱼十分奇特，它的两只眼睛长在身体同一侧，游动时有眼睛的一侧向上，侧着身子游泳。

比目鱼

鲨鱼

珊瑚王国

印度洋里有许多争奇斗艳的珊瑚岛，许多都成为了旅游胜地，比如马尔代夫群岛、科摩罗群岛、塞舌尔群岛……在这风景如画的天堂中，珊瑚才是真正的"国王"。

珊瑚岛是怎么形成的？

在太平洋和印度洋，珊瑚岛十分常见。它们由珊瑚组成，分布在古老海底火山的斜坡上。后来火山逐渐下陷并且在大海中消失。珊瑚继续生长，在火山周围形成暗礁环，就是我们所说的珊瑚岛。珊瑚岛环绕着礁湖，周围是平静的水，很少连着深海，那里的水清澈透明。

最美丽的珊瑚小岛

马尔代夫群岛在斯里兰卡西南部，有一千多个小岛。海里的火山露出海面部分长满了珊瑚，慢慢地，一点一点地形成约一千个小岛，其中有200个岛上有人居住。有些岛面积非常小，步行20分钟就能绕岛一圈。

🌱 波利尼西亚的波拉波拉岛是很年轻的珊瑚岛，中心的火山并未全部消失在水下

土地贫瘠

由于土地贫瘠，美丽的珊瑚岛无法耕种农作物，但幸运的是，岛旁边的暗礁吸引了许多鱼儿，于是生活在这里的人们靠打鱼为生。可是，随着环境的变化和人们对自然的破坏，珊瑚的数量也在日趋减少。

🌱 珊瑚岛无法耕种，人们靠打鱼为生。

🌱 美丽的马尔代夫群岛

世界第四大洋——北冰洋

北冰洋是世界上最小、最浅，也最冷的大洋。它在地球的最北端，海面几乎都被厚厚的冰块覆盖着，海岸线十分曲折、破碎。北冰洋上有世界第一大岛——格陵兰岛，还有很多岛屿，数量仅次于太平洋！

北美洲
亚洲
北冰洋
格陵兰岛
欧洲

北冰洋位置图

浮冰

大块浮冰是海水冻结成的。它们不停地运动着，覆盖了相当于中国那么大的面积。浮冰在冬天最厚，不过不会超过3.6米。

冰川

冰川是地球上最大的淡水资源，也是地球上最大的天然水库。

冰块

浮冰移动时，常常发生碰撞，于是形成了大大小小的冰块。

罗蒙诺索夫海脊

罗蒙诺索夫海脊横贯北冰洋海底。

破冰船

只有破冰船才能在浮冰上开辟出一条道路。

我们平时说的北极，它可不在陆地上，而是在北冰洋的冰面上。

北极三霸

　　北冰洋是一个冰天雪地的世界，那里生活着许多不怕冷的动物，比如北极熊、海象、海豹、雪兔、北极狐、驯鹿、鲱鱼、鳕鱼和鲸等，其中北极熊、北极狐和北极狼号称"北极三霸"，它们是寒冷世界里的杀手。

北极熊

　　北极熊又叫白熊，生活在海岛、浮冰和冰山上。它们力大无比，牙齿十分锋利。在北冰洋，没有它们不吃的动物，所以被称为"北冰洋之王"。

　　北极熊全身雪白，像披了一件漂亮的袍子，十分保暖。

它们脚下的毛既能防止摔跤，又能保护脚不会冻结在冰面上。

　　北极熊很会游泳。在寒冷的海水里，它们把头和肩膀露出水面，用两个前爪作桨，可以一口气游40千米。

　　北极熊很喜欢吃海豹，它们对付海豹就像老鹰捉小鸡一样，常常把海豹从冰洞中拖出来，一掌就将海豹的脑袋拍碎了。

北极狐

北极狐的巢穴在冰原上，虽然不大，却有好几个出口。北极狐很爱惜家，每年都要维修和扩建，从而让洞穴更加舒适。

北极狐主要吃旅鼠，饥饿时也吃浆果。实在找不到食物时，它们就尾随在北极熊后面，捡北极熊的"剩饭剩菜"充饥。

北极狐为了食物可是费尽了心思。春天到来后，雪鹅从南方来到北冰洋附近筑窝下蛋。这时候，北极狐来捣乱了。它们趁雪鹅不在家，捣毁雪鹅的窝，抢走雪鹅的蛋，找个地方埋起来。几个月后，它们再把蛋刨出来，慢慢地享用。

北极狼

北极狼是集体捕猎的，它们总是选择一头弱小或老年的猎物当作进攻目标。一开始，它们从不同方向包抄过来，等时机成熟就会突然进攻。如果猎物想要逃跑，它们就会分成几个小组，轮流作战，直到猎物累的败下阵来。

为了生存，北极狼学会了伪装自己。在冬天，它们的毛色变白，藏在雪地里时猎人和猎物就很难发现它们；到了夏天，它们的毛色变成棕色或灰色，与大地巧妙地融合成一体。

因纽特人

在寒冷的北冰洋沿岸，除了动物，还生活着一群不怕冷的土著人，他们是因纽特人。因纽特人的意思是真正的人。

神秘的土著人

因纽特人在大约3000多年前，从亚洲迁徙到了北极。他们个子不高，皮肤黄黄的，头发乌黑，与西藏人很相像。他们远离热闹的城市，靠打鱼捕猎生活，在人们眼里是那么遥远而神秘。

雪屋

因纽特人常常用雪块砌成圆顶小屋居住，这种房子也叫伊格鲁。首先，把雪用力地压实、压硬，切成一块一块，然后用雪砖垒成半球形的雪屋，雪砖缝隙里也塞上雪，再在屋内点上火把使里面的雪微微融化，等融化的雪水冻结后房屋就密封严了。最后，在墙壁上挂起毛皮，在屋顶盖上海豹皮，这样雪屋就很暖和了。有的雪屋有小小的窗户，窗户纸是晒干的能透光的动物的肠子。

危险的捕猎

北冰洋附近无法耕种田地，因纽特人靠捕鱼和打猎为生。可是那里十分寒冷，还常常刮起暴风雪，所以因纽特人每次寻找食物的过程都很危险。夏季，他们乘着小舟穿行在浮冰中，拿着一把渔叉和庞大的鲸搏斗。

在陆地上，勇敢顽强的因纽特人正拿着一根标枪和凶猛的北极熊较量。如果打不到猎物，全家人，整个村子，甚至整个部落就会饿死。

因纽特人很会捕捉海豹。聪明的因纽特人找到海豹的呼吸孔，拿着海豹叉，静静地趴在洞口，当海豹把头伸出来时，他们就会又快又准地刺下去。

现在，大部分因纽特人的生活发生了很大的变化，他们住进了有暖气的房子，水上摩托代替了简陋的小船，雪橇也很少使用了，因为都开上了汽车。总之，古老而神秘的因纽特人正慢慢融入现代人的生活中。

北极探险之旅

弗里乔夫·南森是19世纪末的挪威探险家、科学家，他一直梦想着能够到达北极，于是决定沿着洋流的方向漂流。

1893年6月，南森和他的12个由船员和专家组成的同行者，乘坐"前进"号起航了。出发前，他们准备了足够在海上生存5年的物资。

"前进"号沿着俄罗斯海岸航行，到达新西伯利亚。

由于厚厚的冰层的阻碍，船在18个多月的航行里偏离了极地方向，于是南森和其中一位船员决定下船，使用雪橇继续前行。

可惜，他们最终也没能到达北极，只能疲惫不堪地折回到法兰士约瑟夫地群岛上。

直到1896年，探险队的其他船员才找到他们，返回挪威。

南森在3年的探险时间里，"前进"号偏离了北极1600千米！

弗里乔夫·南森北极探险路线图

北冰洋寒冷无比，并不适合人类居住，但它并不是那么荒凉，因为它蕴藏着巨大的财富：石油。开采石油非常危险，一旦石油泄漏，会严重污染海洋。

特别的"海"

红红的红海

红海，真的是红颜色的海吗？不是。其实，是因为它的海面上漂浮着许多红色海藻，远远看去就是红色的了。红海的海底景色特别美丽，每年有许多人去那里潜水。不过，红海的温度很高，海水也很咸。

流不满的地中海

地中海气候温暖，景色迷人，每年世界各地有许多人去那里旅游。地中海虽然不大，却有个"特异功能"——每天大约有80条小河流向那里，水量和亚马孙河差不多，可地中海却怎么也注不满。科学家们说，要想把地中海注满水，需要100多年呢！

不停"长大"的里海

里海不是海，而是世界上最大的湖，它四面封闭，没有和别的海相连。从1978年到现在，里海水位每年都在上升，所以许多城市和村庄都被淹没了。如果再过2000年，里海还是不停地上涨，那么俄罗斯和达吉斯坦的一些城市也会被淹没。

越来越小的咸海

咸海是一个位于中亚的盐湖。20世纪60年代，咸海的面积是当时比利时的两倍，不过随着人们在咸海周边种植棉花，并从注入咸海的河流中抽水浇灌棉田，咸海的水面不断下降。现在，咸海只剩下一些巨大的水洼，正逐渐变成一个大沙漠。

死海

死海位于地中海和红海附近，是世界上最咸的海，潜入海底将会发现许多像蘑菇一样的大盐块。有科学家认为，大约一万年后死海将变成一个覆盖着盐的盆地。

白色沙漠——南大洋

南大洋，是围绕着南极洲大陆边缘的海洋，所以也叫"南极海""南冰洋"。它几乎是圆形的，处于地球海洋的十字路口——大西洋、太平洋和印度洋的交叉口。南大洋是世界上唯一完全环绕地球却没有被大陆分割的大洋。

被困航船

航船

如果南大洋洋面的浮冰是一块块大冰块时，船可以小心地在南大洋里行驶；如果是碎小的浮冰连在一起时，就会形成一个真正的陷阱，船会被困在里面。

南纬40度咆哮处

这是南大洋一个区域的名字，这里充满了暴风雨和气旋。这里是世界上海浪最强劲的地方，大海几乎永远波涛汹涌。

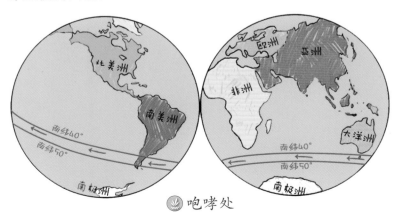

🌿 咆哮处

冰山

冰山表面像桌子一样平滑，又叫"平台"。1958年，人们在大西洋洋面发现了一座巨大无比的冰山，它超出水面160多米，相当于60层的摩天大楼那么高。

🌿 南大洋的全貌

可爱的南极主人

冰冷的南极是企鹅的天堂。那里生活着各种各样的企鹅，它们穿着一身"燕尾服"，挺着雪白的大肚皮，摇摇摆摆，真是可爱极了！

冠企鹅

冠企鹅的金色羽毛冠从头部两侧耷拉下来，就像两道下垂的眉毛。

巴布亚企鹅

巴布亚企鹅的眼睛上方有一块白斑，厚厚的羽毛既保暖又防水。巴布亚企鹅的胆子很小，只要有人靠近就会迅速逃跑。

南极企鹅

南极企鹅的脖子下有一道黑色条纹，像军帽上的帽带，很威武，所以也叫作帽带企鹅。

南极企鹅常常成群地站在浮冰上漂流。它们非常好斗，敢袭击人类。

帝企鹅

帝企鹅可以长到1米多高，是企鹅世界里的巨人。虽然每天成群地聚在一起，可它们很具有绅士风度，总是轮流做首领来防御敌人。冬天到来时，企鹅们都纷纷离开，只有帝企鹅还留在南极周围，从不迁徙，所以，它们才是南极真正的主人。

王企鹅

王企鹅和帝企鹅很像，可是体型娇小，脖子下面的红色也很鲜艳。为了抵御严寒，王企鹅会紧紧地围成一圈，里面的企鹅慢慢往外移动，从而让外面的企鹅进里面取暖。

企鹅不会飞翔，不过它们常用翅膀作桨，在雪地里滑行。

企鹅在水中捕食小鱼和磷虾时，总会不时地跃出水面呼吸，再钻进水里。

企鹅妈妈产下蛋后，就去海洋寻找食物了。企鹅爸爸把蛋放在脚上，用腹部的皮肤把蛋盖住，它这样不吃不喝地站两个多月，直到企鹅宝宝出生。

阿德利企鹅

阿德利企鹅是数量最多的企鹅，它们非常朴素，眼睛有一圈白色，整个身体只有白色和黑色。

阿德利企鹅常常在雪地里张开翅膀，一边走一边跳舞。

🌱 王企鹅取暖

麦哲伦企鹅

麦哲伦企鹅很有攻击性，它们常常相互示威恐吓。

竖冠企鹅

竖冠企鹅的羽冠像刷子一样竖立在头上。

小企鹅

小企鹅又叫"仙女企鹅""精灵企鹅"，它们是企鹅中体型最小的，却十分好斗。

我们不是兄弟！

　　海豚、海豹、海狮、海象和海牛，人们第一次听到我们的名字时，常常以为我们是一个妈妈生出来的亲兄弟，哈哈，其实我们根本不是，甚至有的彼此都不认识呢！

海豚是一种非常可爱的动物，它们的头顶有一个可以呼吸的"孔"，皮肤光滑柔软，常常成群结队地在海面上跳跃。海豚十分聪明，不仅会记忆知识，还会模仿人们的动作。在水族馆里，每天都有它们精彩的表演。

海狮

海狮白天几乎都生活在海里，有时会爬上岸晒晒太阳，在地面时，它们用像鳍一样的四肢行走；到了夜里，它们就在岸边睡觉。海狮十分聪明，胡子比耳朵还灵，能辨别几十海里外的声音。

　　海豹平时生活在水里，只有生宝宝和休息时才爬上岸。它们在胡子（也叫触须）的帮助下寻找鱼、乌贼等食物。在地面，它们爬着前进，在水里时，它们用鳍游泳。海豹的皮肤里有厚厚的脂肪垫，能抵御严寒。

海象

　　海象喜欢在北冰洋中大量群居。它们的牙是非常厉害的武器，不仅可以用来捕捉食物，对抗敌人，还可以用来攀登冰块和凿穿大浮冰呼吸。北极熊、虎鲸和人类是海象的天敌，人类为了得到海象牙会狠心地猎杀它们。

海牛

海牛被称为"水下除草机"，因为它们实在太能吃了，吃得也很快。现在，许多国家在河里放养海牛，从而清除阻碍航道的水草。

深埋在海底的财富

在浅海和湖泊中，生活着许多微小的浮游生物，它们死亡后沉在湖底，被厚厚的淤泥和沙子掩埋。

一直过了几百万年，在温度和压力的作用下，小生物的尸体变成了石油和天然气。

1947年，美国最早开始在海上开采石油。石油专家们用勘探机找到油田。图中工人们在用钻井机钻探。当钻到石油时，有的石油会猛烈地喷出来，有的需要用油泵抽出来。

石油通过管道或车辆运到炼油厂。石油被倒入一个巨大的分馏塔里，生产出了汽油、煤油和柴油。

汽车、摩托车、快艇等使用的燃料是汽油；大型车辆、发电机使用的燃料是柴油。

洗衣粉、肥皂、塑料桶、胶卷、橡胶、涂料、防冻剂、化肥、杀虫剂也含有从石油中提炼出的化学物质。

石油和天然气是现代工业发展的血液，可是，石油总有用完的一天，到时候人们要怎么办呢？

🌱 工人们在用钻井机钻探

🌱 黑潮是由石油污染造成的。

🌱 石油通过管道或车辆运到炼油厂

🌱 石油总有用完的一天

能干的潜水员和捕猎者

塘鹅、鸬鹚和燕鸥等是优秀的潜水员，为了捕食它们表现英勇。

塘鹅

塘鹅是个十分疯狂的家伙，常常从几十米高的地方优美地跳下。它们用刀子般的喙将鱼打昏，有时还会潜入海中捕捉鱼和小虾，甚至能看清水下40米的猎物，真是太厉害了！

塘鹅能够看见水下 40 米处的猎物！

褐鲣鸟

鲣鸟是塘鹅的近亲，是遍布于世界各个海域的潜水高手。而其中的褐鲣鸟主要生活在热带及亚热带海洋，是中国最常见的鲣鸟之一。

你能看见水下的鱼吗？

鸬鹚

鸬鹚非常贪吃，常常因为吞食猎物太快而喘不过气来。休息时，它们喜欢停在岩石上，扇动着它半展开的翅膀，将羽毛晾干。鸬鹚是唯一羽毛会湿的海鸟。

燕鸥

燕鸥在海面上飞行一段就可以捕捉到小鱼和乌贼。捕鱼时，它总是先将头探进水里，但从不游泳。

海鹦鹉有一张彩色的喙，那是十分厉害的捕鱼工具。捕食时，它们会潜入水中，慢慢靠近猎物，然后突然用喙咬住，并很快将猎物锁在长着钩子的腭和舌头之间。

沙丁鱼群总是会成为海鸟们的盛宴。

海洋生物链

大海里有各种动物和植物，它们在这个大家庭中是怎样生活的呢？它们中哪些是好朋友，哪些又是敌人呢？答案就藏在海洋生物链中！

海洋号

人类捕鲸

人类捕捞味道鲜美的金枪鱼

鲸吃鲱鱼

鲸直接吃虾

鲸吃海豹

金枪鱼吃鲭鱼

鲱鱼吃虾

海豹吃鱼

鲭鱼吃鳀鱼

虾吃浮游生物

鱼吃虾和其他小生物

鳀鱼吃浮游生物和小甲壳类动物

最后，动物残骸在海底被分解，植物吸收后长得更加茂盛，为浮游生物提供了丰富的养料。